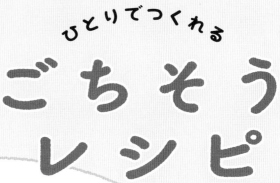

ひとりでつくれる
ごちそう
レシピ

10歳からのキッチンの教科書2

きょうはママの誕生日。
ママのために料理を
つくってお祝いして
あげようとパパと計画中。
「何をつくろう？　楽しみだなあ」

JN039851

ブルル……ブルル……。
（パパから着信）
「ごめん！　きょうは仕事がいそがし
　くて、早く帰れなくなっちゃった」
「えー、楽しみにしてたのに！」
「本当にごめん！
　じゃ、ママによろしくね〜」
プツリ……ツーツー。

「もう、パパったら！
　あ〜あ、私がレストランのシェフ
　だったら、パパがいなくても、
　ママの好きなものをたくさん
　つくってあげられるのに」
そう、つぶやいたしゅんかんでした。

「私が教えてあげよう」
という声が……。
ふりむくと、なぞのおじさんが
とつぜん目の前に現れました。

「えっ、だれ？」
「私は、料理の伝道師
　ミスター クックだ。キミは
　料理に興味があるようじゃな」
「うん。きょうは
　ママの誕生日だから、
　ママのためにおいしいごはんを
　つくってあげたいの」

「ほー。それは感心だ。

私の特別レッスンをマスターすれば、

ハンバーグにオムライス、おべんとう

だってつくれるようになるぞ！

どうだ、やってみるかい？」

「ほんと？　ハンバーグも

オムライスもつくってみたい」

「よし、ではさっそくレッスンを

始めるぞ。その前に、

優秀なアシスタントを用意しよう」

そういって、なぞのじゅ文を唱え始めた

ミスター クック。

すると、ソファーで

昼ねをしていたネコのモモが

目の前に現れました。

「きょうから、モモが

キミの相棒だ。

こまったときは助けてくれるぞ」

「私が手伝ってあげるわ。

よろしくニャン」

「わっ、モモがしゃべったー!!」

「おどろいているヒマはない。

さっそく、レッスンをはじめるぞ！」

「はい！　クック先生」

もくじ

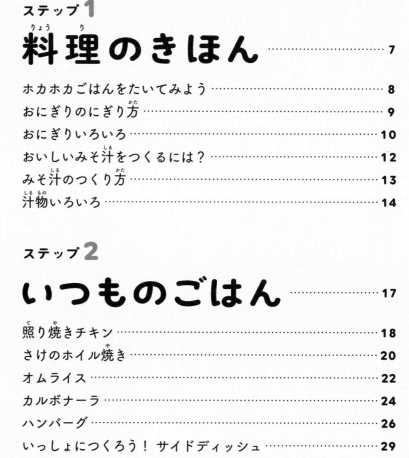

(料理をするときの約束事)

▶ 調理台の上は、作業がしやすいように整理しよう。

▶ 野菜は必ずよく洗ってから使おう。

▶ 肉や魚などの生ものを切るまな板と、
　野菜を切るまな板は分けて使おう。

▶ 生ものをさわった手は、そのつどよく洗うこと。
　また、生ものを入れた器は、食器用洗ざいでしっかり洗おう。

▶ 料理をするときは、「火はおとなの人がいるときに使う」
　「かたづけまできちんと行う」など、自分のおうちのルールに
　したがってね。

※この本に出てくる電子レンジの調理時間は、600ワットのものです。500ワットの場合は、約1.2倍、700ワットの場合は、約0.8倍にしてください。

※この本で使用している計量カップは、200ml（mL）、計量スプーンは、大さじ15ml、小さじ5mlです。1ml＝1cc。

※調味料の酒は、おとなの人がいるときに使用してください。

身支度を整えよう

料理をするときは、安全で、清潔であることがとても大切だよ。
事前にしっかり、身支度のチェックをしよう！

▶ **エプロンはつけたかな？**

料理をするときは、食材や料理にほこりなどが入らないように、エプロンをつけよう。また、服がよごれたり、ぬれたりするのを防いでくれるよ。

▶ **かみの毛が落ちないように注意！**

かみの毛が落ちないように、三角きんやバンダナをつけよう。かみの毛が長い人は、ゴムなどで結んでおこう。

▶ **服のそではまくっておこう！**

そでが長いと、調理道具などにひっかかったりして危険だよ。長そでの服を着ているときは、うでまくりをしておこう。

▶ **手はしっかり洗ったかな？**

料理をする前に、必ず手をきれいに洗おう。つめがのびていないかも確認しよう。つめがのびていたら、短く切っておこうね。

☑ 必要に応じて、マスクをつけよう。

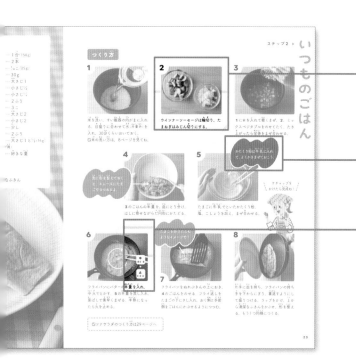

(この本の使い方)

切り方をチェック

切り方がわからない場合は、60、61ページのきほんのおさらいを参考にしてね。

ポイントをチェック

つくり方のポイントを解説しているよ。

火加減をチェック

この本では、強火、中火、弱火の3段階で火加減を表しているよ。写真についているマークを参考にして、火加減を調節しよう。

☑ はかり方や分量の目安については、62ページのきほんのおさらいをチェックしてね。

火加減のマーク

強	中
強火（つよび）	中火（ちゅうび）
弱	止
弱火（よわび）	消火（しょうか）

料理のきほん

和食に欠かせないごはんとみそ汁。
ごはんとみそ汁がつくれるようになったら、
料理のうでもグンと上がるよ！

ホカホカごはんをたいてみよう

ごはんをおいしくたけるかな？
コツを覚えれば、簡単にふっくらごはんがたけちゃうよ。

材料 （2合分）

米 ＊ ……………………………… 2合（300g）

＊無洗米の場合は、**3**の工程を省いてね。
計量カップは、無洗米専用のものを使おう。

用意するもの

米専用計量カップ
ボウル
ざる
すい飯器

米をはかる

1

米1合は、米専用計量カップで1ぱい分（180mℓ）。

計量カップで米を山盛り1ぱいすくい、菜ばしなどですり切る。2合の場合は、2はい分はかり、ボウルに入れる。

米を洗う

ぬかのにおいがつくのを防ぐために、最初のすすぎは手早く行おう。

2

ボウルにたっぷりの水を入れ、米をざっとまぜたら、すぐに水を捨てる。

3

指を軽く立て、米をかきまぜるようにして洗う。水を入れ、軽くかきまぜ、水を捨てる。この作業を5〜6回くり返す。

水の色がにごりのあるとうめいになったら終わりのサイン。

米をざるに上げ、水けをきる。すい飯器の内がまに米を移す。

4

吸水〜すい飯

5

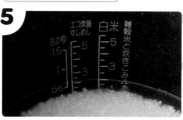

内がまの2合の目盛りまで水（分量外）を入れる。30分以上おいて吸水させたら、すい飯器のスイッチを入れる。

たき上がり

6

たき上がったら、しゃもじで全体を4等分して、1か所ずつ底からひっくり返したら、全体を切るようにほぐす。ふたをして10分蒸らしたら完成。

米に適度な水分をふくませることで、ふっくらとしたごはんになるよ。

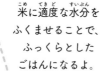

▶ きほん

おにぎりのにぎり方

ふっくら仕上げるコツは力加減。
お米をつぶさないように、やさしくにぎろう！

材料（2こ分）

温かいごはん ……… 茶わん2はい分弱（180g）
塩 …………………… 少々（0.6g）

用意するもの

茶わん
ラップ

つくり方

上の手は、手のひらと指に角度をつけると、きれいな三角形になるよ。

1

茶わんにラップを広げ、ごはんの半量をのせる。

2

ラップでつつみ、両手でやさしくにぎり、三角の形に整える。

3

ラップを開き、塩の半量を両面にふりかける。同様にもう1こにぎる。

キッチンメモ

具を入れるときは？

茶わんにラップを広げ、1ぱい分の¾量のごはんをのせる。真ん中に少しくぼみをつけ、具をのせる。具に残りのごはんをかぶせ、ラップでつつみ、三角ににぎる。

具はごはんの中央にのせてね。入れすぎには注意しよう。

おにぎりいろいろ

具材やにぎり方を変えて、いろいろなおにぎりを楽しもう！
キミのお気に入りはどれかな？

梅おかかおにぎり

材料 （2こ分）

ごはん ……………… 茶わん2はい分弱（180g）
★梅干し＊ ……… 1こ分
★けずり節 …… 1.5g
塩 ……………… 少し
のり ……………… 2枚

＊種はとりのぞく。

つくり方

1 ラップに★をのせてつつみ、ラップの外側からもみ合わせる。

2 茶わんに**1**と別のラップを広げ、1ぱい分のごはんの¾量をのせ、真ん中に少しくぼみをつけて、**1**の具を半量のせる。

3 残りのごはんをかぶせ、ラップでつつみ三角ににぎる。ラップを開き、塩をふりかけ、のりを巻く。もう1こ同様につくる。

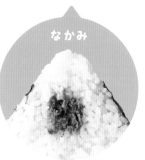
なかみ

ツナマヨおにぎり

材料 （2こ分）

ごはん ……………… 茶わん2はい分弱（180g）
ツナ（かんづめ・フレーク） ……… ½かん（35g）
★マヨネーズ … 小さじ2
★しょうゆ …… 小さじ⅓
塩 ……………… 少し
のり ……………… 2枚

なかみ

つくり方

1 ツナは油をしっかりと切り、★とまぜ合わせる。

2 茶わんにラップを広げ、1ぱい分のごはんの¾量をのせ、真ん中に少しくぼみをつけ**1**の具を半量のせる。

3 残りのごはんをかぶせ、ラップでつつみ三角ににぎる。ラップを開き、塩をふりかけ、のりを巻く。もう1こ同様につくる。

コーンおにぎり

材料 （2こ分）

ごはん ……………… 茶わん2はい分弱（180g）
★コーン（かんづめ・ホール） …… 30g
★バター ……… 2g
★しょうゆ …… 小さじ⅓
★塩 ……………… 少々

つくり方

ボウルにごはん、★を入れてまぜ合わせる。半量ずつラップでつつみ、三角ににぎる。

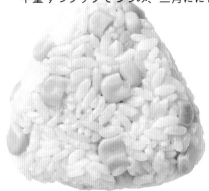

さけと青じそのおにぎり

材料 （2こ分）

ごはん ………… 茶わん2はい分弱（180g）
さけフレーク … 20g
青じそ ………… 2枚

つくり方

1 青じそは小さく切る。ボウルにごはん、さけ、青じそを入れてまぜ合わせる。

2 1を半量ずつラップでつつむ。両はしをキャンディーのようにしぼり、たわら形にする。

どれも
おいしそうな
おにぎりだニャ〜！

枝豆チーズおにぎり

材料 （2こ分）

ごはん ………………… 茶わん2はい分弱（180g）
枝豆（むき・ゆで）……… 40g
プロセスチーズ …… 20g
塩 ………………………… 少々

つくり方

1 チーズは1cmの角切りにする。ボウルにごはん、枝豆、チーズ、塩をまぜ合わせる。

2 1を半量ずつラップでつつみ、丸い形にする。

とりそぼろおにぎり

材料 （2こ分）

ごはん ………… 茶わん2はい分弱（180g）
とりひき肉 ……… 50g
★しょうゆ ……… 小さじ1
★酒 ……………… 小さじ1
★さとう ………… 大さじ½
★おろししょうが（チューブ）
  ………………… 1g（2cm分くらい）
のり ……………… 好きな量

🐾 生肉をさわった菜ばしは、そのつど洗ざいで洗ってから使おう。

つくり方

1 たい熱容器にとりひき肉、★を入れ、菜ばしでまぜ合わせる。ふんわりとラップをかけ電子レンジ（600ワット）に1分かける。ラップを外し、清潔な菜ばしでほぐす。

2 ボウルにごはんと1を入れてまぜ合わせる。半量ずつラップでつつみ、丸い形にする。5mmはばに切ったのりを巻く。

おいしいみそ汁をつくるには？

おいしいみそ汁は、だしが決め手。
まずは、きほんのだしのとり方を覚えよう！

頭とワタには
苦味があるよ。

煮干しだし

独特のこくとうまみがあり、
みそ汁にもピッタリ！

材料（つくりやすい分量）

煮干し ……………… 15g（20尾くらい）
水 ………………… 600㎖（カップ3）

下ごしらえ	煮る	煮干しをとり出す

1

煮干しは頭と、はらの部分にある
黒いワタをとる。なべに水と煮干し
を入れ、30分〜1時間くらいおく。

2

弱めの
中

弱

1を弱めの中火にかける。ふっとう
してきたら、弱火にして3分くらい
煮る。とちゅう、アクがういてきたら、
あみじゃくしですくってとる。

3

止

火を止め、あみじゃくしなどで煮干
しをとり出したら、だしの完成。
☑ とり出した煮干しは、そのまま食
べられるよ。

キッチンメモ

こんぶと
かつお節のだし

上品な味わいの合わせだし。
煮物やお吸い物にもおすすめ！

材料

こんぶ＊ ………… 6g（約8cm四方）
かつお節 ……… 12g
水 ………………… 600㎖（カップ3）

＊こんぶはかわいたキッチンペーパーで軽くふく。

1

なべに水、こんぶを入
れて30分〜1時間くら
いおいてから、中火に
かける。なべ底から細
かいあわが出てきたら、
こんぶをとり出す。

2

かつお節を加え、ふっ
とうする直前で火を止
めて3分くらいおく。

3

ざるにキッチンペーパ
ーをしき、大きめのボウ
ルに重ねる。**2**をゆっ
くりと注ぎ入れ、煮汁を
こす。

▶ きほん

みそ汁のつくり方

ポイントは、みそを入れるタイミングと火加減！
「煮干し」、「こんぶとかつお節」どっちのだしでもおいしいよ。

材料（2人分）

とうふ ……………… 100g	だし（12ページ）
長ねぎ ………… 5cm（15g）	…………… 250ml（カップ1と¼）
カットわかめ（かんそう）… 2g	みそ …………… 大さじ1

ひと煮とは、
ふっとうしない程度の
火加減で、1〜2分煮ること。

つくり方

1

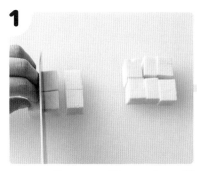

とうふは食べやすい大きさに切り、長ねぎは5mmはばの輪切りにする。わかめは水にひたし、やわらかくなったら水けをきる。

2

中
止

なべにだしを入れ中火にかけ、ふっとうしたら1を入れる。再びふっとうしたら火を止める。

3

中
止

みそをとき入れ、再び火をつける。ひと煮したら火を止める。

キッチンメモ

なぜ、みそを入れるときに いったん火を止めるの？

グツグツとふっとうしている中にみそを入れると、みその風味やかおりがとんでしまうんだ。具材に火が通ったことを確認したら、必ず一度火を止めてからみそをとき入れようね。

みそを入れた後も、
グツグツふっとうさせちゃ
ダメだよ。

汁物いろいろ

野菜がたっぷり入った汁物は栄養満点！
具材をいろいろ組み合わせて、
好みのみそ汁やお吸い物をつくってみよう。

大根とにんじんのみそ汁

材料（2人分）

大根 ……………………	¼本（70g）
にんじん ……………	⅒本（20g）
えのきだけ ………	20g
だし（12ページ）……	300㎖（カップ1と½）
みそ …………………	大さじ1

つくり方

1 大根とにんじんはいちょう切りにする。えのきだけは根元を切り落とし、半分に切る。

2 なべにだし、大根、にんじんを入れ中火にかけ、大根とにんじんがやわらかくなるまで10分くらい煮る。えのきだけを加え、しんなりするまで煮る。

3 火を止め、みそをとき入れる。再び火をつけ、ひと煮したら火を止める。

ほうれんそうと油あげのみそ汁

材料（2人分）

ほうれんそう ……	50g（約¼束）
油あげ……………	½枚
長ねぎ……………	5cm（15g）
だし（12ページ）……	300㎖（カップ1と½）
みそ …………………	大さじ1

つくり方

1 ほうれんそうはたっぷりの湯に根元から入れ、1分くらいゆで、冷水にとる。あら熱がとれたら、水けをしぼって根元を切り落とし、3cm長さに切る。

2 油あげは短冊切り、長ねぎは5mmはばの輪切りにする。

3 なべにだしを入れて中火にかける。**1**と油あげを入れ、ふっとうしたら火を止め、みそをとき入れる。再び火をつけ、長ねぎを加え、ひと煮したら火を止める。

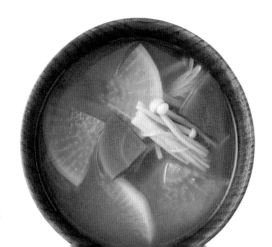

細ねぎなど細い食材を輪切りにすることを小口切りと呼ぶんだ。

きのこのみそ汁

材料 （2人分）

しめじ ……………… 40g
まいたけ …………… 40g
しいたけ …………… 1枚（20g）
細ねぎ ……………… 好きな量
サラダ油 …………… 小さじ1
だし（12ページ）…… 300mℓ（カップ1と½）
みそ ………………… 大さじ1

つくり方

1 しめじとまいたけは根元を切り落とし、手でほぐす。しいたけはじくを切り落とし、うす切りにする。細ねぎは小口切りにする。

2 なべに油をひき、しめじ、まいたけ、しいたけを入れて中火でいためる。全体に油が回ったらだしを入れ、ふっとうしたら弱火にし、2分くらい煮る。

3 火を止め、みそをとき入れる。再び火をつけ、細ねぎを加え、ひと煮したら火を止める。

さつまいもとたまねぎのみそ汁

材料 （2人分）

さつまいも ……… 100g
たまねぎ ………… ⅛こ（25g）
だし（12ページ）… 300mℓ（カップ1と½）
みそ ……………… 大さじ1

つくり方

1 さつまいもはよく洗い、皮つきのまま1cmはばのいちょう切りにし、10分くらい水にさらし、水けを切る。たまねぎは5mmはばのうす切りにする。

2 なべに**1**、だしを入れ、中火にかける。さつまいもがやわらかくなるまで10分くらい煮る。

3 火を止め、みそをとき入れる。再び火をつけ、ひと煮したら火を止める。

かまぼことみつばのお吸い物

材料 （2人分）

かまぼこ …………… 2切れ（30g）
みつば ……………… 2本
だし（こんぶとかつお節／12ページ）
　………………………… 300mℓ（カップ1と½）
うす口しょうゆ… 小さじ1
塩 …………………… ひとつまみ（1g）

つくり方

1 かまぼこは花形に型ぬきをする。みつばはくきを短く切る。

2 なべにだしを入れ中火にかける。うす口しょうゆ、塩を入れ、ふっとうしたらかまぼこを入れ、火を止める。おわんに盛りつけ、みつばをちらす。

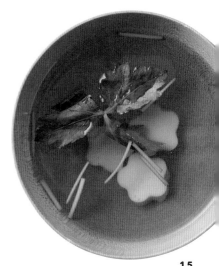

栄養バランスを考えながら こん立を立ててみよう その1

料理上手を目指すには、栄養バランスを考えることも大切だよ。
クック先生の特別レッスンで、こん立づくりのきほんをマスターしよう!

レッスンテーマ ： 栄養バランスってなに?

キミの好きな食べ物はなんだね?

うーん、ハンバーグ、パスタ、チョコ、たくさんあるよ!　でも、ママには、魚や野菜もしっかり食べなさいっておこられる。

そうだね。好きなものばかり食べていると栄養バランスがかたよって、元気が出なかったり、かぜをひきやすくなったりしてしまうんだ。

えー!　そうなの?

食品には、それぞれいろいろな栄養素が入っていて、それらを食べることで体をつくったり、体力をつけたりしているんだよ。

食べ物は、大きく3つのグループに分けることができるって知っているかい?
たとえば、ごはんやパンなどの炭水化物、バターや油に多くふくまれる脂質は、主に体を動かすエネルギーに。肉や魚などのたんぱく質、牛乳、海そうなどの無機質は、主に体をつくるもとになるんだ。

じゃあ、野菜は?

ビタミンや無機質などを多くふくむ野菜は、主に体の調子を整えてくれる大切な食品だ。こん立を立てるときは、これらの食品を組み合わせてメニューを決めると、栄養バランスの整った食事になるぞ。

主にエネルギーになる	主に体をつくる	主に体の調子を整える
炭水化物・脂質	たんぱく質・無機質（カルシウムなど）	ビタミン・無機質

ごはん・めん類　パン　さとう
バター　じゃがいも

肉　魚　たまご
牛乳　海そう

野菜
きのこ　果物

いつものごはん

身近な食材でつくれるレシピが勢ぞろい！
みんなが大好きな定番メニューをつくってみよう。

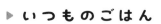

照り焼きチキン

ジューシーなチキンと
あまじょっぱいタレが相性バッチリ！
ごはんのおかずにもぴったりだね。

材料（2人分）

とりもも肉（一口大）	10こ（250g）
★しょうゆ	大さじ1
★酒	大さじ1
★みりん	大さじ1
★さとう	小さじ1
サラダ油	小さじ1
フリルレタス、トマト（つけ合わせ用）	好きな量

いつものごはん

つくり方

先に調味料を
まぜ合わせておけば、
味つけも簡単！

1

★の調味料をまぜ合わせる。

とり肉は皮から焼くと
ジューシーに仕上がるよ。

2

フライパンに油をひき、とり肉の皮を下にしてならべる。中火で5分くらい焼く。

3

焼き色がついたらひっくり返し、さらに3分くらい焼き、火を止める。

調味料が全体にかかるように回し入れよう。

4

キッチンペーパーで油をふきとり、**1**を回し入れる。

お肉はしっかり火を通してね。
厚めのお肉を切って、
中が赤くないか
確認してみてニャ。

5

再び中火にかけ、タレにとろみがつくまで2〜3分煮つめたら、皿に盛りつける。

☑さつまいものレモン煮のつくり方
は29ページへ

19

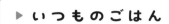

さけのホイル焼き

ホイルでつつんで焼くから、野菜はあまく、
さけはふっくらやわらかく仕上がるよ！

材料（2人分）

甘塩ざけ ―――――――― 2切れ（160g）
水 ――――――――――― 50㎖（カップ¼）
たまねぎ ―――――――― ¼こ（50g）
ブロッコリー ―――――― 40g
コーン（かんづめ・ホール）―― 20g
スライスチーズ ――――― 2枚

用意するもの

アルミはく（約30㎝×25㎝）―――――― 2枚

準備しておくこと

オーブントースターを温めておく

いつものごはん

つくり方

さけはそのままだと
しょっぱいから、
"塩ぬき"をするんだ。

1

さけに水をかけ、5分くらいおく。
ひっくり返してさらに5分くらいお
き、塩ぬきをする。キッチンペーパ
ーではさみ軽くおさえ、水けをとる。

2

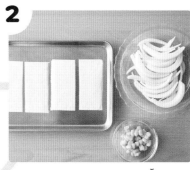

たまねぎは5mmはばのうす切り、ス
ライスチーズは半分に切る。

3

ブロッコリーは食べやすい大きさに
切り分ける。
🔸太いくきがある場合は、かたいか
ら気をつけて切り落としてね。

4

アルミはくの真ん中に半量のたまね
ぎを広げ、さけ1切れをのせ、さらに
半量のブロッコリー、コーン、チー
ズ2切れをのせる。

5

アルミはくの手前とおくを合わせ、
2回折りたたむ。両はしも内側に折
りたたむ。もう1つ同様につくる。

両サイドもしっかり
折りたたむよ！

6

温めたオーブントースター（1000ワッ
ト）に5をならべる。12分くらい＊焼
き、皿に盛りつける。
🔸オーブントースターからとり出す
ときは、ヤケドに注意しよう！
＊焼き上がりの時間は、様子をみて
調節してね。

☑かぼちゃサラダのつくり方は29ページ、ミネスト
ローネのつくり方は31ページへ

▶ いつものごはん

オムライス

ごはんをたまごでしっかりつつむ王道オムライス。
チキンライスは、すい飯器でつくるよ！

材料 （2人分）

材料	分量
米	1合（150g）
ウインナーソーセージ	2本
たまねぎ	⅛こ（25g）
ミックスベジタブル（冷とう）	30g
★トマトケチャップ	大さじ1
★洋風スープの素	小さじ½
★塩	小さじ¼
★こしょう	2ふり
たまご	3こ
牛乳	大さじ2
かたくり粉	小さじ2
塩	少し
こしょう	2ふり
バター	大さじ1と⅓（16g）
トマトケチャップ（トッピング用）	好きな量

用意するもの

フライパン（直径22cmくらい）
ぬれぶきん・ラップ・清潔なふきん

いつものごはん

つくり方

1

米を洗い、すい飯器の内がまに入れる。目盛りに合わせて水（分量外）を入れ、30分くらいおいておく。
☑米の洗い方は、8ページを見てね。

2

ウインナーソーセージは輪切り、たまねぎはみじん切りにする。

3

1に★を入れて軽くまぜ、2、ミックスベジタブルをのせてたく。たき上がったら全体をまぜ合わせる。

4

先に形を整えておくと、スムーズにたまごでつつめるよ。

3のごはんの半量を、皿にとり分け、はしに寄せながらだ円形にかたどる。

5

かたくり粉は牛乳に入れて、よくかきまぜておこう。

たまごに牛乳でといたかたくり粉、塩、こしょうを加え、まぜ合わせる。

ケチャップをかけたら完成ね！

6

中
止

フライパンにバターの半量を入れ、中火でとかす。5の半量を流し入れ、菜ばしで素早くまぜる。半熟になったら火を止める。

7

たまごを折りたたむようなイメージで！

フライパンをぬれぶきんの上におき、4のごはんをのせる。フライ返しをたまごの下にさし入れ、おく側と手前側をごはんにかぶせるようにつつむ。

8

片手に皿を持ち、フライパンの持ち手を下からにぎり、裏返すようにして盛りつける。ラップをかけ、上から清潔なふきんをかぶせ、形を整える。もう1つ同様につくる。

┌ ─ ─ ─ ─ ─ ─ ─ ─ ─ ─ ─ ─ ─ ─ ┐
☑ツナサラダのつくり方は29ページへ
└ ─ ─ ─ ─ ─ ─ ─ ─ ─ ─ ─ ─ ─ ─ ┘

カルボナーラ

生クリームでつくるクリーミーなカルボナーラ。
仕上げのあらびきこしょうがアクセント!

材料（2人分）

スパゲッティ *1	……	180g
ベーコン	……	3枚（45g）
オリーブ油	……	大さじ1
生クリーム	……	200mℓ（カップ1）
★たまご	……	1こ
★らん黄 *2	……	1こ分
★粉チーズ	……	大さじ4
★塩	……	少々
あらびきこしょう	……	好きな量

＊1 太さ1.6mm、ゆで時間7分のものを
使用。ゆで時間は、ふくろに書かれてい
る時間を目安にしてね。
＊2 残ったらん白（白身）は捨てずに、
ほかの料理に使ってね。

いつものごはん

つくり方

カルボナーラが
自分でつくれる
なんてステキ♡

1

らん黄は、器にたまごを割り入れ、大きめのスプーンで黄身だけすくってみよう。

ベーコンは2cmはばに切る。ボウルに★を入れ、まぜ合わせる。

2

強

なべにたっぷりの湯をわかし、塩（分量外、水の量の1%くらい）を入れる。

2人分の場合は、水の量2ℓに対して塩20g（大さじ1強）と覚えておこう！

3

中

スパゲッティをお湯の上からパッと放すのがコツ。

スパゲッティを入れ、ときどき菜ばしでかきまぜながら、中火で7分ゆでる。

4

止

ゆで汁を玉じゃくし1ぱい分（約50㎖）とり分けておく。スパゲッティをざるに上げ、水けをきる。

5

中

止

フライパンにオリーブ油をひき、**1**のベーコンを入れて中火でいためる。少しカリッとしてきたら**4**のゆで汁を加え煮つめる。さらに生クリームを加え、とろっとするまで煮る。

6

1のボウルに**5**を入れ、まぜ合わせる。

7

4のスパゲッティを加え、手早くまぜる。皿に盛りつけ、あらびきこしょうをかける。

☑カプレーゼのつくり方は30ページへ

25

ハンバーグ

あこがれのハンバーグにちょう戦！
ふっくらジューシーに仕上げるコツをマスターしよう！

材料（ざいりょう）（2人分）（ふたりぶん）

合いびき肉	200g
たまねぎ	½こ（100g）
サラダ油	小さじ3
パン粉	大さじ3
牛乳	大さじ2
★ときたまご	½こ分
★塩	少々
★ナツメグ（あれば）	少し
★こしょう	2ふり
水	50mℓ（カップ¼）
◆トマトケチャップ	大さじ2と½
◆ウスターソース	大さじ1
◆さとう	小さじ½
◆水	大さじ2

つくり方

ハンバーグのコツは、"キャッチボール"だ！

> みじん切りの方法は、61ページを見てね。

1
たまねぎはみじん切りにする。フライパンに油小さじ1をひき、中火でたまねぎを2分くらいいためる。色がすき通ってきたら火を止め、バットに広げて冷ます。

2

パン粉と牛乳を合わせる。10分くらいおき、パン粉に牛乳をしみこませる。

> 生肉をさわった手は、必ず石けんでよく洗おう。

3

ボウルに合いびき肉、**1**と**2**、★を入れて、しっかりねりまぜ、2等分する。

> キャッチボールをするようなイメージで、10回くらい投げつけてね。

4

指で軽くおしこむよ。

1つを手にとり軽く丸めたら、片方の手に投げつけるようにして空気をぬく。小判形に整え、中央を少しくぼませる。残りも同様につくる。

5

フライパンに油小さじ2をひき、**4**をならべる。中火にかけ、こげ目が軽くつくまで3分くらい焼き、裏返して1分くらい焼く。

6

水を入れ、ふたをして5分くらい蒸し焼きにする。ふたをとり、そのまま1分くらい加熱して水分をとばす。火を止め、ハンバーグをとり出す。
⚡水を入れるときは、油ハネに注意してね。

7

キッチンペーパーで油を軽くふき、◆を入れて中火でとろみがつくまで1分くらい煮つめ、ソースをつくる。皿にハンバーグを盛りつけ、ソースをかける。

> ☑蒸しじゃがバター、コーンクリームスープのつくり方は30ページへ

栄養バランスを考えながら
こん立を立ててみよう その2

食品の主な役割（16ページ）は覚えたかな？
次は、栄養バランスを考えながら、上手にメニューを組み合わせてみよう。

レッスンテーマ ： メニューを上手に組み合わせるコツは？

 こん立を立てるときは、どうやってメニューを組み合わせればいいの？

 食品の3つのグループ分けを参考にすると、こん立は立てやすくなるぞ。たとえば、キミがお昼にうどんとおにぎりを食べたとすると、栄養バランスは黄色のグループ（主にエネルギーになる）ばっかりになってしまうね。

 うどんとおにぎりは同じグループだもんね。

 そうじゃ。だからうどんかおにぎりどちらかにして、そこにたまご焼きや焼き魚などの赤のグループ（主に体をつくる）のメニュー、あとサラダやおひたしなどの緑のグループ（主に体の調子を整える）のメニューをプラスすると、栄養バランスがグッと整うんだ。

 ほんとだ！ 私が好きなものだけ選ぶと、黄色と赤ばっかりになっちゃう……。

 そうだね。野菜やきのこ、海そうなどもしっかり食べないとね。食品にふくまれる栄養素や主な役割を考えながら、メニューを組み合わせることが大切なんじゃ。そして、立てたこん立の料理が、主菜（メインディッシュ：主に魚、肉、卵を使ったおかず）、副菜（サイドディッシュ：主に野菜を使ったおかず）の組み合わせになっているか、確認してみるといいね。ごはんやパンなどの主食とみそ汁・スープなどの汁物に、主菜、副菜がしっかり組み合わさっていれば、栄養バランスのよいこん立だと言えるよ。59ページの「料理＆おべんとう日記」に、こん立を書きこんでみると、チェックしやすいよ。

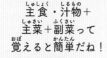 主食・汁物＋主菜＋副菜って覚えると簡単だね！

副菜のレシピは29〜31ページを参考にしてニャ♪

いっしょにつくろう！サイドディッシュ

ごはんや主菜にプラスしてバランスアップ！
副菜をつくってみよう！

サイドディッシュ

さつまいものレモン煮

材料 （2人分）

さつまいも …… ½本(150g)
★水 …………… 200mℓ（カップ1）
★さとう ……… 大さじ2
★レモン汁 …… 大さじ1
★塩 …………… 少し

つくり方

1 さつまいもはよく洗い、皮つきのまま1cmはばの輪切りにし、10分くらい水にさらす。

2 なべに★を入れさっとまぜ、水けを切った**1**を入れる。中火にかけ、ふっとうしたら弱めの中火にし、さつまいもがやわらかくなるまで12分くらい煮る。火を止め、冷ましながら味をしみこませる。

ツナサラダ

材料 （2人分）

グリーンリーフ …… 2枚(40g)
ミニトマト …………… 4こ
きゅうり ……………… ⅕本(20g)
ツナ（かんづめ・フレーク）
……………………… ½かん(35g)

つくり方

グリーンリーフは食べやすい大きさにちぎる。ミニトマトはヘタをとり、半分に切る。きゅうりは輪切りにする。器に半量ずつ野菜を盛りつけ、ツナをのせる。
☑好きなドレッシングをかけて食べてね。

かぼちゃサラダ

材料 （2人分）

かぼちゃ ……………… 150g(正味)＊
水 ……………………… 小さじ2
マヨネーズ …………… 大さじ1
塩 ……………………… 少し
サラダ菜 ……………… 2枚
＊種などをとりのぞいた食べる部分のことだよ。

つくり方

1 かぼちゃはよく洗い、皮つきのまま1.5cmの角切りにする。

2 たい熱容器に**1**をならべ、水をかける。ふんわりとラップをかけ、電子レンジ（600ワット）に4分かけたら、ラップをしたまま冷ます。

3 **2**にマヨネーズ、塩を入れまぜ合わせる。器にサラダ菜といっしょに盛りつける。

コーンクリームスープ

材料（2人分）

コーンクリーム（かんづめ）…… 120g
バター ………… 小さじ2（8g）
牛乳 ………… 100mℓ（カップ½）
生クリーム …… 50mℓ（カップ¼）
塩 ………… ひとつまみ
パセリ ………… 好きな量

つくり方

1 なべにバターを入れ中火にかける。バターがとけたら、コーンクリームを入れて1分くらいいためる。

2 牛乳、生クリームを入れて温め、味見をしながら少しずつ塩を入れる。器に盛りつけ、手でちぎったパセリをちらす。

蒸しじゃがバター

材料（2人分）

じゃがいも（大）……… 1こ（150g）
塩 ………………… 少し
バター ………… 小さじ1（4g）

カプレーゼ

材料（2人分）

モッツァレラチーズ …… 1こ（100g）
トマト ………… 1こ（150g）
バジルの葉 ………… 8枚
オリーブ油 ………… 大さじ1
塩 ………… ひとつまみ
あらびきこしょう …… 好きな量

つくり方

1 モッツァレラチーズは半分に切り、1cmはばのうす切りにする。トマトは半月切りにする。

2 チーズとトマトが交ごになるように皿にならべ、バジルをのせる。オリーブ油、塩、あらびきこしょうをかける。

つくり方

1 じゃがいもをよく洗い、水けがついたままラップでつつむ。たい熱容器に入れ、電子レンジ（600ワット）に5分かける。

2 あら熱がとれたら、4等分に切り分ける。塩をふり、バターをからめる。

サイドディッシュ

ミネストローネ

材料（2人分）

キャベツ	1枚（50g）
たまねぎ	¼こ（50g）
にんじん	⅟₁₀本（20g）
セロリ	15g（5cmくらい）
ベーコン	1枚（15g）
オリーブ油	大さじ½
おろしにんにく（チューブ）	3g（6cm分くらい）
★水	300㎖（カップ1と½）
★トマトジュース	150㎖（カップ¾）
★トマトケチャップ	大さじ1
★塩	少々
★こしょう	2ふり
パセリ	好きな量

つくり方

1 キャベツは1cm四方に切り、たまねぎ、にんじん、セロリは1cmの角切りにする。ベーコンは1cmはばに切る。

2 なべにオリーブ油、にんにく、たまねぎ、ベーコンを入れ、中火でいためる。たまねぎの色が変わってきたら残りの野菜を加え、全体がしんなりするまでいためる。

3 ★を加えて強火にかける。ふっとうしてきたら中火で15分くらい煮る。器に盛りつけ、手でちぎったパセリをちらす。

ふわふわのたまごがおいしいニャン♪

たまごスープ

材料（4人分）

ときたまご	2こ分
細ねぎ	好きな量
★かたくり粉	大さじ½
★水	大さじ1
水	600㎖（カップ3）
とりがらスープの素	小さじ2
塩	小さじ⅓
こしょう	1ふり

つくり方

1 細ねぎは小口切りにする。★を合わせ、かたくり粉を水でといておく。

2 なべに、水、とりがらスープの素を入れ、中火にかける。ふっとうしてきたら、1の★を回し入れてよくまぜる。再びフツフツしてきたら、ときたまごを回し入れる。

3 たまごが固まってきたら菜ばしで軽くまぜ、塩、こしょうで味を調える。器に盛りつけ、細ねぎをちらす。

栄養バランスを考えながら
こん立を立ててみよう その3

こん立を立てるときに、旬の食材を選んでメニューを考えるのもひとつの手。
身近な食材の旬を覚えておこう!

レッスンテーマ : 食材の旬を知ろう!

旬とは、野菜や果物、魚がもっともおいしく、たくさんとれる時期や季節のこと。今では、スーパーなどで年中手に入る野菜も多いけれど、やっぱり旬の時期にとれるものは、おいしさも栄養もばつぐん! 新せんな食材が手に入ったら、おいしいうちにいただこう!

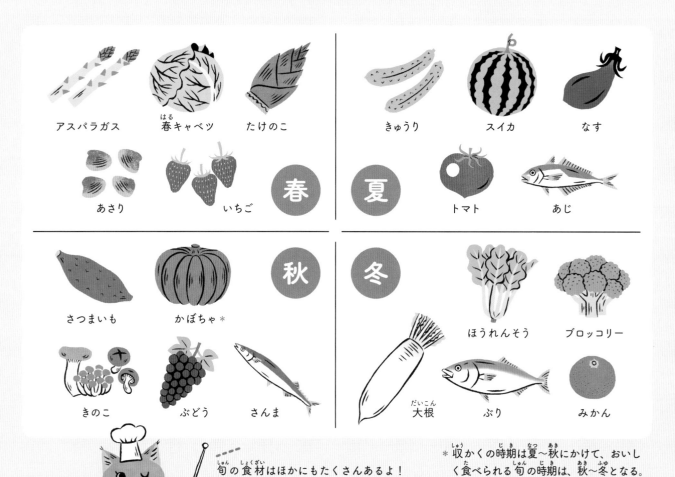

アスパラガス　春キャベツ　たけのこ
あさり　いちご

春

夏

きゅうり　スイカ　なす
トマト　あじ

秋

冬

さつまいも　かぼちゃ＊
きのこ　ぶどう　さんま

ほうれんそう　ブロッコリー
大根　ぶり　みかん

旬の食材はほかにもたくさんあるよ!
季節ごとにスーパーなどをチェック
してみるとおもしろいよ。

＊ 収かくの時期は夏〜秋にかけて、おいしく食べられる旬の時期は、秋〜冬となる。

ステップ **3**

特別な日のごはん

家族の誕生日や行事などの特別な日は、
ちょっと張り切ってスペシャルなメニューをつくってみよう！

▶ 特別な日

本格ぎょうざ

つくり方は41ページを見てね。

▶ 特別な日

ポテトぎょうざ

☑ つくり方は40ページを見てね。

▶ 特別な日

シーフードドリア

☑ つくり方は42ページを見てね。

▶ 特別な日

パイシチュー

☑つくり方は44ページを見てね。

特別な日

ロールキャベツ

☑ つくり方は46ページを見てね。

▶ 特別な日

お花ずし

☑ つくり方は48ページを見てね。

ポテトぎょうざ

レッツ トライ！

材料（2人分）

じゃがいも（大）	1こ（150g）
にんじん（小）	⅕本（30g）
プロセスチーズ	40g
コーン（かんづめ・ホール）	20g
マヨネーズ	大さじ1
塩	ひとつまみ（1g）
こしょう	2ふり

ぎょうざの皮	20枚
サラダ油	大さじ2

☑ お好みでトマトケチャップを
つけて食べてね。

まずは、簡単な
ポテトぎょうざに
トライしよう！

つくり方

1

皮をむいたじゃがいもを8等分に切り、水にさらす。にんじんは8mmはばのいちょう切りにする。

2

1をたい熱のボウルに入れ、ふんわりとラップをして電子レンジ（600ワット）に5分かける。ラップを外し、木べらで具をつぶす。

3

チーズは5mmの角切りにする。2のボウルにチーズ、コーン、マヨネーズ、塩、こしょうを入れ、まぜ合わせる。

4

20こつくるよ！

3を小さいスプーン1ぱい分すくい、ぎょうざの皮の真ん中よりおくにのせる。皮のふちに水（分量外）をぬり、皮を半分に折って重ね、とじ目をフォークでおさえる。

5

弱めの
中
▼
弱
▼
止

フライパンに半量の油をひき、4を10こならべる。弱めの中火で4分くらい焼き、焼き色がついたらひっくり返し、弱火にして3分くらい焼く。残りも同様に焼く。

特別な日のごはん

▶ 特別な日

本格ぎょうざ

材料（2人分）

ぶたひき肉	200g
キャベツ	⅙こ（150g）
にら	30g
塩	小さじ¼
☆ しょうゆ	大さじ1
☆ 酒	大さじ1
☆ ごま油	大さじ1
☆ かたくり粉	小さじ2
☆ すりおろししょうが（チューブ）	5g（10cm分くらい）
☆ すりおろしにんにく（チューブ）	5g（10cm分くらい）
☆ 塩	ひとつまみ
☆ こしょう	2ふり

ぎょうざの皮	20枚
サラダ油	大さじ1と⅓
◆ はく力粉	大さじ1と½
◆ 水	200mℓ（カップ1）
ごま油	小さじ2
しょうゆ・酢（つけだれ用）	各大さじ1

用意するもの

フライパン（直径22cm）
皿（直径20cm）

> 親指と人さし指を使って、皮を重ねていくイメージでやってみて！

つくり方

1

キャベツとにらはみじん切りにする。塩をまぶし、菜ばしで軽くまぜ、5分おいたら、両手で水けをしっかりしぼる。

2

ボウルにひき肉、**1**と☆を入れて、ねばりが出るまでしっかりねりまぜる。

3

ぎょうざの皮の真ん中に**2**を大さじ1ぱい分のせる。皮のふちに水（分量外）をぬり、半分に折り、片面の皮にひだをつくりながらつつんでいく。

4

中

フライパンに油の半量をひき、**3**を10こならべる。中火で2分くらい焼き、焼き色がついたらまぜ合わせた◆の半量を注ぐ。

5

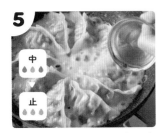

中
止

ふたをして5分くらい蒸し焼きにする。ふたをとり、ごま油の半量を回し入れ、カリッとなるまで焼く。

6

皿をフライパンにあて、皿の底をしっかり持ちながら、フライパンをひっくり返す。残りも同様に焼く。

羽根つきぎょうざの完成。

⚠ フライパンは熱いのでヤケドに注意！

☑ フライパンをひっくり返すのが難しい場合は、へらなどを使ってぎょうざをとり出そう。

シーフードドリア

具がたっぷりでボリューム満点。
自家製のホワイトソースと
こんがり焼けたチーズがおいしいね。

レッツトライ！

材料 （2人分）

温かいごはん	茶わん2はい分（300g）
★ トマトケチャップ	大さじ1と⅓
★ バター	大さじ1（12g）
★ 塩	少々
★ こしょう	2ふり
たまねぎ	¼こ（50g）
マッシュルーム	3こ（45g）
シーフードミックス（冷とう）	160g
バター	大さじ1と⅔（20g）
はく力粉	大さじ1と½
牛乳	200㎖（カップ1）
洋風スープの素	小さじ⅓
塩	ひとつまみ
こしょう	2ふり
ピザ用チーズ	40g
パセリ	好きな量

用意するもの

グラタン皿 ………… 2こ

準備しておくこと

シーフードミックスを解とうしておく
焼く前にオーブンを180℃に温めておく

つくり方

洋食に欠かせない
ホワイトソースを手づくりしてみよう！

水けは、キッチンペーパー
でふきとると簡単だよ。

1

ボウルにごはんと★を入れ、まぜ合わせる。2等分し、表面が平らになるようにグラタン皿に盛りつける。

2

たまねぎとマッシュルームは5mmはばのうす切りにし、シーフードミックスはしっかりと水けをとる。

3

中

フライパンにバターを入れ、中火にかける。バターがとけたら、**2**を入れていためる。

4

中

たまねぎがしんなりしてきたら、はく力粉を加え、粉っぽさがなくなるまでいためる。

こがさないように注意！とろみがついたらホワイトソースの完成！

中

止

5

牛乳、洋風スープの素、塩、こしょうを加え、とろみがつくまで木べらなどで、たえずまぜながら2分くらい煮る。

6

1のごはんの上に**5**のソースをかけ、ピザ用チーズをのせる。

アツアツのうちにめし上がれ♡

7

180℃に温めたオーブンで15分くらい※焼く。焼き上がったら、手でちぎったパセリをちらす。

❶オーブンからとり出すときは、ヤケドに注意しよう！

※焼き上がりの時間は、様子をみて調節してね。

▶ **特別な日**

パイシチュー

見た目もおしゃれなごちそうシチュー。
サクサクのパイといっしょに食べれば
おいしさアップ！

レッツトライ！

材料（2人分）

とりもも肉（こま切れ）	80g
塩	少々
こしょう	2ふり
たまねぎ	¼こ（50g）
にんじん	⅒本（20g）
じゃがいも（大）	⅓こ（50g）
しめじ	30g
バター	10g
はく力粉	小さじ2
☆水	200ml（カップ1）
☆洋風スープの素	小さじ1
牛乳	100ml（カップ½）
塩	少々
こしょう	2ふり
パイシート（冷とう）	1枚（75g）
◆ときたまご	小さじ1
◆水	小さじ1

用意するもの

めん棒
たい熱のスープカップ（オーブン対応）………… 2こ

準備しておくこと

焼く前にオーブンを210℃に温めておく

つくり方

しめじは手で簡単に
ほぐれるよ。

1

とりもも肉に塩、こしょうをまぶし、
下味をつける。

2

たまねぎは1.5cmの角切り、にんじ
んはいちょう切り、皮をむいたじゃ
がいもは8等分に切り、氷にさらす。
しめじは根元を切り落とし、ほぐす。

3

なべにバターを入れ、中火にかける。
バターがとけたら、**2**を入れる。全
体に油が回ったら、**1**を入れてさら
にいためる。

材料の表面に油が
なじむことで、うまみを
ギュッととじこめるぞ。

4

牛乳を入れたらグツグ
ツとふっとうさせないよ
うに注意！

とり肉の色が変わったらはく力粉を
加え、粉っぽさがなくなるまでいた
める。

5

☆を加え、ふっとうしてきたら弱め
の中火にし、野菜がやわらかくなる
まで6〜7分煮る。牛乳を加えたら、
塩、こしょうで味を調え2〜3分煮
る。火を止めて冷まし、カップに分
け入れる。

均一にパイがふくらむよ
うに、穴をあけておくよ。

6

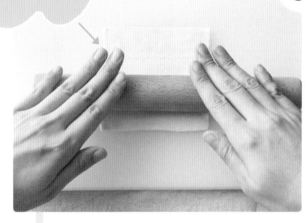

冷とうパイシートを室温に10分くら
いおき、解とうする＊1。パイシートを
半分に切り、カップの直径よりも大
きくなるようにめん棒でのばし、
フォークで数か所穴をあける。

⚠パイシートがやわらかくなってベト
ベトしてくるから、手早くやろう！

7

カップの上にパイシートをかぶせ、
ふちにくっつけるように手でおしつ
ける。

8

まぜ合わせた◆をスプーンの裏でぬ
る。210℃に温めたオーブンで、15
分くらい＊2焼く。

レストランみたいな
料理ができちゃった！

＊1　冷とうパイシートは、パッケー
　　ジの表示を参考に解とうしてね。
＊2　焼き上がりの時間は、様子をみ
　　て調節してね。

ロールキャベツ

弱火でコトコトがカギ！
じっくり煮こんで、キャベツのあまさと
お肉のうまみを引き出そう。

レッツトライ！

材料（4人分）

キャベツ ＊	8枚（500g）
合いびき肉	300g
たまねぎ	½こ（100g）
にんじん	¼本（50g）
ベーコン	2枚（30g）
トマト	1こ（150g）
★ ときたまご	1こ分
★ パン粉	大さじ3
★ 牛乳	大さじ2
★ 塩	小さじ¼
★ こしょう	2ふり
◆ 水	600ml（カップ3）
◆ トマトケチャップ	大さじ2
◆ 洋風スープの素	小さじ2
◆ 塩	ひとつまみ
◆ こしょう	2ふり
パセリ	好きな量

＊巻きやすそうな大きめの葉を選んでね。

水をはったボウルの中に
キャベツを入れて、葉の間に
流水をかけながら
1枚ずつはがすと、
きれいにはがれるニャン。

つくり方

1

キャベツはたい熱のボウルに入れ、ふんわりとラップをして電子レンジ（600ワット）で6分温める。ラップを外さず、そのまま冷ます。

しんはみじん切りにして、ひき肉にまぜるよ！

2

キャベツを半分に折り、しんの太い部分を切り落とす。しんは、みじん切りにして水けをしぼる。

3

たまねぎ、にんじんはみじん切りにする。ベーコンは2cmはばに切り、トマトは1cmの角切りにする。

4

お肉をねばりが出るまでしっかりまぜるのが、おいしくなるコツ！

ボウルに合いびき肉、**2**のしんと**3**のたまねぎとにんじん、☆を入れてねりまぜる。

5

8等分し、横長の形に整え、たわら形にする。

6

片側だけ折ったら、クルクル巻くよ。

キャベツの葉を広げ、右寄りの手前に**5**をのせてひと巻きする。葉の左側を内側に折りたたみ、巻き上げる。

7

葉をギュギュッと全部おしこんでおくと、くずれにくいよ。

葉の右側を内側におしこみ、巻き終わりを下にする。残りも同様につくる。

8

中
▼
弱
▼
止

なべに**7**の巻き終わりが下になるようにならべ、◆、ベーコン、トマトを入れ、中火にかけふたをする。ふっとうしてきたら弱火にし、ふたをずらして40〜50分煮こむ。器に盛りつけたら、手でちぎったパセリをちらす。

〔 チャレンジ 〕

バターコーンライス

材料（4人分）

米	2合（300g）
コーン（かんづめ・ホール）	190g
バター	大さじ1と⅓
塩	小さじ½

☑ 米の洗い方は8ページを見てね。

1 米は洗い、水けをきる。コーンと汁を分ける。

2 すい飯器の内がまに米、コーンの汁を加え、内がまの目盛りの2合のところまで水（分量外）を入れる。塩を入れてひとまぜし、コーン、バターを入れてたく。たき上がったら全体をしゃもじでほぐす。

お花ずし

のり巻きを切ると、かわいいお花が登場するよ！
ハレの日にぴったりのお料理だね。

レッツ トライ！

材料（2本分）

温かいごはん	茶わん3ばい分強（500g）
☆酢	大さじ2
☆さとう	大さじ2
☆塩	小さじ½
さけフレーク	50g
スティックチーズ	4本（40g）
のり（21cm×19cm）	6枚

用意するもの

巻きす
ラップ

きょうは
おすしパーティーで
決まりだね！

つくり方

1

ボウルにごはんを入れる。☆をまぜ合わせ、合わせ酢をつくる。合わせ酢をしゃもじに伝わせるようにゆっくりごはんに回しかける。

2

しゃもじでさっと切るようにまぜたら、うちわなどであおぎ、手でさわれるくらいまで冷ます。さけフレークをまぜ合わせ、10等分に分ける。

3

のり4枚は、3等分に切る（a）。残りの2枚は、¾はば分切り分ける（b）。

☑余ったのりは、おにぎりなどほかの料理に使ってね。

4

のりの上部は1cmあけて、ごはんを広げてね。

巻きすの上にのり（a）を1枚おき、**2**の10等分に分けたごはんをのせて広げる。

5

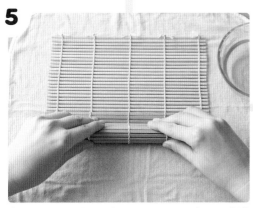

巻きすを持ち上げ、丸くなるように巻く。同様に全部で10本つくる。

6

巻きすに**5**ののり巻きを2本おき、その上にスティックチーズ2本をのせる。さらにのり巻き3本をおき、ギュッとおし固めるように形を整える。

7

ごはんつぶをつけておくと、のりがわりになるよ！

巻きすを向こう側に引いていくよ！

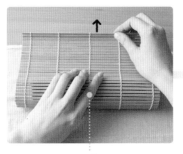

おさえる

巻きすにのり（b）1枚をおき、上部にごはんつぶ（分量外）を少しつける。**6**をのせて巻いていく。

8

ラップで**7**をつつみ、10分くらいおいてなじませ、8等分に切り分ける。もう1本も同様につくる。

チャレンジ レシピ

ごはんやパンなどの主食に、お肉やたまご、
野菜などのおかずを組み合わせて、
栄養バランスのとれた、おいしいおべんとうをつくってみよう。

▶ チャレンジ

ごはんべんとう

人気のおかずをつめこんだボリューム満点の
おべんとう。電子レンジを活用すると、効率
よくおかずをつくれるよ。
✔つくり方は52ページを見てね。

▶ チャレンジ

サンドイッチ・ボックス

こんなステキなおべんとうなら、ランチタイムが楽しみになるね。休日のおでかけやピクニックにもおすすめだよ。

☑つくり方は54ページを見てね。

ごはんべんとう

- ごはん（梅干し・白ごま）
- ぶたのしょうが焼き
- 簡単たまご焼き
- ちくわきゅうり
- ブロッコリー、ミニトマト

ぶたのしょうが焼き

材料（1人分）

ぶた肉（こま切れ）	80g
はく力粉	小さじ1
たまねぎ	⅛こ（25g）
サラダ油	小さじ½
★しょうゆ	大さじ½
★酒	大さじ½
★みりん	小さじ1
★はちみつ	小さじ½
★おろししょうが（チューブ）	1g（2cm分くらい）

つくり方

1
食品用ポリぶくろにぶた肉、はく力粉を入れる。粉を全体にまぶすようにふくろをふる。たまねぎは5mmはばのうす切りにする。★をまぜ合わせる。

2 中
フライパンに油をひき、ぶた肉を入れる。中火にかけ、焼き色がついたら裏返し、肉の色が変わってきたらたまねぎを加え、肉に火が通るまでいためる。

3 中 止
★を加え、ぶた肉にからめながら煮つめる。

ちくわきゅうり

材料（1人分）

ちくわ	1本
きゅうり（たてに4等分したもの）	1本（10g）

つくり方

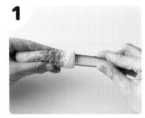
1
きゅうりはちくわと同じ長さに切る。きゅうりをちくわに入れる。

2
1をななめ半分に切る。

> まな板やきゅうりの水けはしっかりふきとっておこう。

ブロッコリー

材料（1人分）

ブロッコリー	1ふさ（20g）
塩	少し

つくり方

1 ブロッコリーのくきに包丁で軽く切り目を入れ、手で半分にさく。

2 たい熱容器に1をならべ、塩をふりかけ、ラップをふんわりとかける。電子レンジ（600ワット）で30秒温め、ラップを外して冷ます。

簡単たまご焼き

材料 (1人分)

ときたまご ……………………… 1こ分
カニ風味かまぼこ ……………… 2本
にんじん ………………………… 4cm(5g)
細ねぎ …………………………… 1本(5g)
★ しょうゆ ……………………… 少し
★ とりがらスープの素 ………… 少し(0.5g)
★ 水 ……………………………… 小さじ1

用意するもの

深さのあるたい熱容器(約9cm×6cm×深さ4.5cm)
ラップ

つくり方

1 カニ風味かまぼこは手でさく。にんじんは細切り、細ねぎは小口切りにし、ボウルに入れる。ときたまご、★を加え、まぜ合わせる。

2 たい熱容器に大きめに切ったラップをしき、**1**の卵液を流し入れる。ラップはあけたまま、電子レンジ(600ワット)に40秒かける。

3 余熱でじっくりたまごに火を通すよ。

レンジから**2**をとり出し、菜ばしでまぜる。再び電子レンジ(600ワット)に50秒かけ、ラップをとじて、そのまま冷ます。ラップを外し、半分に切る。

つくってから食べるまでに時間があるので、衛生面には特に気をつけようね。

おべんとうをつめてみよう!

コツ1

ごはんの量は180gが目安だよ。ごはんをつめたら、しょうが焼きとたまご焼きをつめよう。おかずの汁けは必ずきってからつめようね。

コツ2

ちくわきゅうりを入れたら、ブロッコリーやミニトマトなどの小さめのおかずで、すき間をギュギュッとうめていこう!

コツ3

最後に梅干しをのせ、白ごまをふったら完成。ごはんとおかずが完全に冷めてから、ふたをしようね。温かいままふたをすると、傷みやすくなるから注意しよう。

チャレンジ

サンドイッチ・ボックス

こん立
- サンドイッチ（ハムきゅうり・たまご）
- 簡単キッシュ
- ウインナーソーセージ
- むき枝豆
- ミニトマト
- フルーツ

サンドイッチ

材料（1人分）

サンドイッチ用パン	4枚（60g）
バター	大さじ1（12g）
（ハムきゅうり）	
きゅうり	¼本（25g）
塩	少し
ハム	1枚
スライスチーズ	1枚
（たまご）	
ゆでたまご	1こ
マヨネーズ	大さじ1
塩	少し
こしょう	2ふり

サンドイッチづくりに慣れたら、具材をアレンジするのも楽しいぞ。

つくり方

1

きゅうりはたてにうす切りにし、塩をふり5分くらいおき、水けをキッチンペーパーでふきとる。

2

食パン4枚の片面にバターをぬる。食パン1枚をかわいたまな板の上におき、きゅうり、ハム、チーズを重ねる。パン1枚をのせてはさむ。

3

ゆでたまごをフォークの背でつぶし、マヨネーズ、塩、こしょうをまぜ合わせる。

4

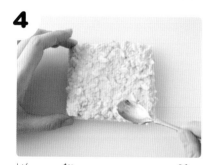

食パン1枚に**3**のたまごをぬり広げ、パン1枚をのせてはさむ。軽くおさえてなじませる。

5

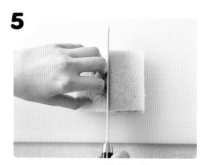

2、**4**をそれぞれ半分に切る。

チャレンジ

簡単キッシュ

材料（2こ分）

ときたまご	½こ分
牛乳	小さじ2
ミックスベジタブル（冷とう）	20g
ツナ（かんづめ・フレーク）	⅙かん（12g）
ピザ用チーズ	10g
塩	少し
こしょう	1ふり

用意するもの

アルミカップ（オーブントースター対応）…… 2こ

準備しておくこと

オーブントースターを温めておく

> 焼き上がったら、中まで火が通っているか確認してね。

つくり方

1

ボウルに材料をすべて入れ、菜ばしでまぜ合わせる。

2

アルミカップに**1**を等分に流し入れる。オーブントースター（1000ワット）で10分くらい＊焼く。

＊焼き上がりの時間は、様子をみて調節してね。

ウインナーソーセージ

材料（1人分）

ウインナーソーセージ	1本
サラダ油	少し

> 焼くときに、皮がはれつしないように切り目を入れておこう！

つくり方

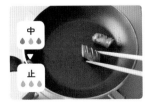

ウインナーソーセージはななめに切り目を入れて半分に切る。フライパンに油をひき、中火で焼く。

おべんとうをつめてみよう！

コツ1

サンドイッチをつめる。サラダ菜を仕切り代わりに使うと、いろどりがよくなるね。

コツ2

キッシュを入れ、すき間にウインナーソーセージ、ミニトマト、むき枝豆などの小さいおかずをつめていく。むき枝豆は、ピックにさしておくと食べやすいよ。

コツ3

好きなフルーツを切って、小さめの容器に入れる。フルーツは汁けがあるから、おべんとうとは別の容器に入れようね。

おべんとうの
おかずいろいろ

おべんとうのこん立を立てるときの参考にしてね。
栄養バランスやいろどりを考えながら、
おかずを選んでみよう。

おいしそうな
おかずがたくさん！

どれも簡単につくれる
おかずばかりじゃぞ！

タンドリーチキン

材料（1人分）

とりもも肉（一口大）
　　　　　　　　 …………… 4〜5こ（100g）
★ヨーグルト …… 大さじ2（30g）
★トマトケチャップ
　　　　　　　　 ………… 小さじ1
★カレー粉 ……… 小さじ1
★塩 ……………… ひとつまみ
★こしょう ……… 2ふり
★おろししょうが（チューブ）
　　　　　　　　 …………… 1g（2cm分くらい）
サラダ油 ………… 小さじ1

つくり方

1 食品用ポリぶくろにとり肉、★を入れ、ふくろの外側から手でもみ、まぜ合わせる。ふくろの口を閉じ、冷蔵庫に一晩おいておく。

2 フライパンに油をひき、**1**をならべる。弱めの中火で3分くらい焼き、ひっくり返して弱火にし、火が通るまで2分くらい焼く。

ⓘ 厚めのお肉を1つ切って、中が赤くないか火の通りを確認しよう。

材料（1人分）

アスパラガス …… 2本（35g）
ベーコン ………… 1枚（15g）
水 ………………… 大さじ1

用意するもの

つまようじ

つくり方

1 アスパラガスは根元のかたい部分を切り落とし、根元から⅓の部分の皮を皮むき器などでむく。3等分に切る。

2 ベーコンは長さを半分に切り、アスパラガスを巻き、巻き終わりをつまようじでさしてとめる。フライパンにならべ、中火で表面に焼き色がつくまで転がしながら1分くらい焼く。

3 水を入れ、ふたをして弱火で2分くらい蒸し焼きにする。

アスパラベーコン巻き

ケチャップソテー

材料（1人分）

ウインナーソーセージ	1本
たまねぎ	15g
ピーマン	⅓こ（10g）
にんじん	7g
トマトケチャップ	小さじ1
サラダ油	小さじ½

つくり方

1 ウインナーソーセージは8mmはばのななめ切り、たまねぎは5mmはばのうす切り、ピーマンはたてに細切り、にんじんは2mmはばの短冊切りにする。

2 フライパンに油をひき、**1**を入れて中火でいためる。野菜がしんなりしてきたらケチャップを加え、からめるようにまぜ合わせる。

小松菜とハムの
バターしょうゆいため

材料（1人分）

小松菜	30g
ハム	1枚
コーン（かんづめ・ホール）	10g
バター	小さじ1
塩	少し
こしょう	1ふり
しょうゆ	少し

つくり方

1 小松菜は根元を切り落とし、3cm長さに切る。ハムは半分に切り、1cmはばに切る。

2 フライパンにバターを入れ中火にかける。小松菜のくきを入れて30秒くらいいためる。残りの小松菜、ハム、コーンを加え、小松菜がしんなりするまでいためる。塩、こしょう、しょうゆを入れてさっとまぜ合わせる。

かぼちゃのレンジ煮

材料（1人分）

かぼちゃ	50g（正味）
★水	大さじ2
★しょうゆ	小さじ½
★さとう	小さじ⅔
★塩	少し

つくり方

1 かぼちゃはよく洗い、皮つきのまま1.5cmの角切りにする。

2 たい熱容器に★をまぜ合わせ、**1**の皮を下にして入れる。ふんわりとラップをして電子レンジ（600ワット）に2分かける。

3 ラップを外さずにそのままおき、味をしみこませる。

ツナにんじん

材料（1人分）

にんじん	⅕本（40g）
★ツナ	⅙かん（12g）
★水	小さじ1
★しょうゆ	小さじ⅓

つくり方

1 にんじんは6mmはばのいちょう切りにする。

2 たい熱容器に**1**、★を入れてふんわりとラップをして、電子レンジ（600ワット）に2分かける。

3 ラップをしたまま10分くらいおく。ラップを外し、全体をまぜ合わせる。

おべんとうのおかずいろいろ

ピーマン塩こんぶ

材料（1人分）

ピーマン ……………………… 1こ（30g）
カニ風味かまぼこ ……… 1本
塩こんぶ …………………… 2g
ごま油 …………………… 少し

つくり方

1 ピーマンはたて半分に切り、種をとりのぞく。横向きにおき、細切りにする。カニ風味かまぼこは手でさく。

2 たい熱容器に**1**、塩こんぶ、ごま油を入れてふんわりとラップをし、電子レンジ（600ワット）に1分かける。ラップを外し、まぜ合わせる。

ちくわのいそべ焼き

材料（1人分）

ちくわ …………………… 1本
★はく力粉 …………… 大さじ1
★水 ……………………… 小さじ2
★青のり ……………… 少し
サラダ油 …………… 小さじ1

つくり方

1 ちくわはななめうす切りにする。

2 ★をまぜ合わせ、**1**を入れて全体にからめるようにまぜる。

3 フライパンに油をひき、**2**をならべる。中火にかけ、全体に火が通るようにしっかり両面を焼く。

材料（2人分）

大根 …………………… 15g
にんじん ……………… 15g
きゅうり ……………… 15g
★酢 …………………… 大さじ1
★水 …………………… 小さじ2
★さとう ……………… 小さじ2
★塩 …………………… 少し

つくり方

1 大根は皮むき器などで皮をむき1.5cmの角切り、にんじんは1cmはばのいちょう切り、きゅうりは1cmはばの輪切りにし、半分に切る。

2 たい熱容器に★を入れまぜ合わせ、ふんわりとラップをして、電子レンジ（600ワット）に1分かける。ラップを外し、**1**を入れて軽くまぜる。あら熱がとれたらラップをかけ、冷蔵庫で一晩つける。

カラフルピクルス

料理＆おべんとう日記

つくった料理やおべんとうを記録に残しておこう。
気づいたことをメモしておけば、次につくるときに役立つよ。

こん立 メニューを書きこもう！

年　　月　　日

主食　　　　　　　主菜　　　　　　　副菜　　　　　　　汁物

つくった料理の写真をはったり、絵をかいたりしてみよう。

手順メモ

調理のポイントや感想

料理の出来ばえを評価してみよう！

59

切り方をチェック

きほんのおさらい

料理のとちゅうで
切り方がわからなくなったら、
このページで確認しよう!

半月切り

にんじんをたて半分に切る。平らな面を下にして、はしから同じ厚さに切っていく。

輪切り

片方の手でしっかりおさえ、はしから同じ厚さに切っていく。

ななめ切り

きゅうりをしっかりおさえ、包丁をななめにしてはしから同じ厚さに切っていく。

うす切り

たまねぎをたて半分に切る。平らな面を下にして、はしからうす切っていく。

いちょう切り

にんじんをたて半分に切る。平らな面を下にして、さらにたて半分に切る。

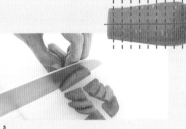

切ったにんじんをしっかりおさえ、はしから同じ厚さに切っていく。

短冊切り

5cmくらいの長さに切ったにんじんを立て、はしから1cmのはばに切っていく。

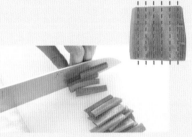

切ったにんじんをさらにはしから、2mmくらいのはばに切っていく。

角切り

じゃがいもをはしから同じはばに切っていく。

☑1cm角のものを「さいの目切り」とも言うよ。

切ったじゃがいもをさらにはしから同じはばに切る。向きを変え、もう一度同じはばに切っていく。

ざく切り

キャベツをはしから3〜4cmはばに切っていく。

向きを変え、はしから3〜4cmはばに切っていく。

みじん切り

たまねぎをたて半分に切り、平らな面を下にしておく。根の部分を3cmほど残し、はしから5mmはばに切り目を入れる。

向きを変え、はしから5mmはばに切っていく。切り目がなくなった部分は、うす切りにする。

片方の指で包丁の先を軽くおさえ、上下に細かく動かしながら全体をさらに切っていく。

くし形切り

トマトをたて半分に切る。平らな面を下にして、たて半分に切る。皮を下にしてもう半分に切る。

ヘタやしんをとる
（トマトやたまねぎの場合）

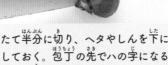

たて半分に切り、ヘタやしんを下にしておく。包丁の先でハの字になるように切りとる。

チャレンジ 皮をむいてみよう！

じゃがいもは芽をとりのぞこう！

皮むき器（ピーラー）の場合

皮むき器のえ（持つところ）を利き手でしっかりにぎる。もう一方の手で大根をしっかりおさえ、皮むき器をゆっくり引いて、皮をむいていく。
⚠皮むき器はすべりやすいので、指を切らないように注意しよう。

包丁の場合

包丁を利き手で持ち、刃元の部分を皮にあて親指をそえる。じゃがいもを持つ手を少しずつ回しながら、皮をむいていく。

〈芽をとる〉
包丁の刃元の角を芽の部分に差しこみ、えぐるようにしてとりのぞく。

きほんのおさらい

はかり方をチェック

料理によく出てくる、はかり方をしょうかいするよ。迷ったら何度もおさらいしよう!

計量スプーン

（大さじ1＝15mℓ　小さじ1＝5mℓ）

〈粉類をはかる〉

大さじ・小さじ 1 ぱい

山盛りにすくい、ほかのスプーンのえ（持つところ）などで表面を平らにすり切る。

大さじ・小さじ 1/2 ぱい

1ぱいをはかってから、ほかのスプーンのえ（持つところ）などで半分に線を引き、半分をかき出す。

〈液体をはかる〉

大さじ・小さじ 1 ぱい

表面が盛り上がり、スプーンからこぼれる直前まで入れる。

大さじ・小さじ 1/2 ぱい

スプーンの底が丸いので、3分の2の深さまで入れるとちょうど半分の量になる。

計量カップ

平らなところにおいて、カップの目盛りを真横からの目線で見る。

（カップ1＝200mℓ）

塩少々と塩ひとつまみってどれくらい?

少々＝2本の指

親指と人さし指でつまんだ量が少々の目安。0.5～0.6g。

ひとつまみ＝3本の指

親指と人さし指、中指でつまんだ量がひとつまみの目安。約1g。

☑ この本では、少々よりももっと少ない量のときは「少し」と表記しているよ。塩の場合は少々の約半量を目安にしてね。

目覚めると、リビングにいました。
「あれっ、クック先生とモモがいない……」
しかし、目の前には
レシピがびっしり書かれた
ノートがおいてあります。

すると、ママが仕事から
帰ってきました。
「ただいまー！　あれっ、パパは？」
「仕事でおそくなるって。
　だから、きょうのごちそうは、
　私がママの好きなものを
　つくってあげる！」
「あらっ、それは楽しみね。
　何をつくってくれるのかしら？」
「ふふふ。私にまかせて！」
そう言って、ノートをめくり、
ワクワクしながらこん立を
考え始めました。

お わ り

料理監修

佐々森典恵（ささもり のりえ）

管理栄養士、料理研究家。女子栄養大学卒業。高齢者施設の管理栄養
士として勤務後、戸板女子短期大学、および武蔵野調理師専門学校で
非常勤講師を務める。2017年よりEテレ「ゴー！ゴー！キッチン戦隊
クックルン」の料理監修を担当。子どもが楽しく、安全に「食」を学び
実践できるさまざまなレシピを、栄養学にもとづきながら提案している。
つくりやすさや見た目のかわいさが印象的なレシピには定評がある。

アートディレクション／細山田光宣
デザイン／藤井保奈、柏倉美地（細山田デザイン事務所）
撮影／福尾美雪
スタイリング／西森 萌
イラスト／たじまなおと
調理アシスタント／能登ひとみ、矢澤藍子
撮影協力／UTUWA
校正／ケイズオフィス
DTP／ドルフィン
編集協力／河村美穂（埼玉大学 教育学部 生活創造講座家庭科分野 教授）
　　　　　西岡里奈（東京学芸大学附属小金井小学校 教諭）
編集／鴨志田倫子、平野陽子（NHK出版）

10歳からのキッチンの教科書❷

ひとりでつくれるごちそうレシピ

2020年11月20日　第1刷発行
2024年 2 月10日　第5刷発行

編者 ……………… NHK出版
　　　　　　　©2020 NHK出版

発行者 ………… 松本浩司

発行所 ………… NHK出版
　　　　　　　〒150-8081　東京都渋谷区宇田川町41-1
　　　　　　　電話　0570-009-321（問い合わせ）
　　　　　　　　　　0570-000-321（注文）
　　　　　　　ホームページ https://www.nhk-book.co.jp
　　　　　　　振替 00110-1-49701

印刷・製本 …… 共同印刷